어린이 독서·토론·논술 따라잡기는
읽기와 쓰기부터 어휘력·문해력·문장력까지 공부의 기초체력을 키워줍니다.

추천사

어린이 독서·토론·논술 따라잡기가 왜 필요할까요?

2022년 개정교육과정은 "왜?" 라는 질문을 중시합니다.

"엄마, 자장면이 먹고 싶어요."

"그래? 그럼 먹으러 가자."

그렇게 말하는 것은 7차 교육과정입니다. 2022년 개정교육과정은 이렇게 말해야 합니다.

"우리 대장이 자장면이 먹고 싶구나. 그런데 볶음밥도 있고 짬뽕도 있고 우동도 있는데 왜 자장면이 먹고 싶지?"

이 물음에 아이가 "그냥 먹고 싶어요."라고 대답했다면 그것 또한 7차 교육과정 스타일입니다.

이제 아이는 "왜?"라는 엄마의 물음에 구체적으로 또박또박 '자장면이 먹고 싶은 이유'를 말해야 합니다. 그것이 2022년 개정교육과정에서 추구하는 것입니다.

결국 공부의 핵심은 근원을 따져 밝히고 자신의 의견을 논리적으로 진술하는 데 있습니다. 그것이 바로 논술이며, 이 훈련은 어렸을 때부터 꾸준히 길러 주어야 합니다.

우리는 아이들에게 동화책을 읽힙니다. 책을 읽은 아이에게 엄마는 이렇게 묻습니다.

"재미있니?"

아이는 대답합니다.

"네."

그걸로 끝입니다.

동화는 우리 아이들에게 꿈과 용기와 올바른 삶의 방식을 가르쳐 줍니다. 그것을 좀더 확실하게 깨우치게 하려면, "재미있니?"라는 질문만으로는 곤란합니다.

"왜 그랬을까?" "만일에 그 때 주인공이 이렇게 했다면 결과는 어떻게 달라졌을까?" "잠깐만, 그 방법밖에 없었을까?"

우리 아이들의 호기심을 자극하고 생각을 확장시킬 수 있는 질문을 던져 준 다음에 조리 있는 답을 말할 수 있도록 유도해야 합니다. 그리고 그것을 글로 쓰면 논술이 되는 것입니다.

그런 의미에서 '어린이 독서·토론·논술 따라잡기'를 정성껏 만들었습니다. 단순히 읽는 것에서 그치는 것이 아니라, 내용의 확실한 이해를 바탕으로 생각을 넓혀 갈 수 있도록 꾸몄습니다.

이 책을 잘 활용하면 우리 아이들의 사고력과 탐구력, 그리고 창의성이 무럭무럭 자랄 것입니다. 그것이 공부의 핵심입니다.

문학 박사 서 한 샘

어린이 독서·토론·논술 따라잡기 ⑧

「잭과 콩나무」 읽고 토론·논술 따라잡기

잭은 거인을 왜 없앴을까요

주식회사 자유지성사

잭과 콩나무를 어떻게 읽을까요

　잭은 젖이 나오지 않는 늙은 젖소를 팔러 장으로 가다가 낯선 할아버지를 만났어요.

　할아버지는 잭에게 콩 한 알과 젖소를 바꾸자고 했어요. 행운을 가져다 줄 콩이라면서요.

　잭은 집이 몹시 가난했기 때문에 행운이 있었으면 하고 바랐을 거예요. 그래서 콩과 젖소를 얼른 바꾸었지요.

　그런데 그 콩은 정말 신기했어요. 다음 날, 콩나무가 하늘까지 솟아 있었으니까요.

　잭은 콩나무를 타고 하늘로 올라가서 거인의 보물을 훔쳐 왔어요. 금화 자루, 황금 알을 낳는 거위, 황금 하프, 모두 훔쳐 왔지요. 거인은 잭에게 잘못한 것도 없이 보물을 다 빼앗겨야 했어요.

　그런데 어머니는 거인의 보물을 훔쳐 온 잭을 야단치지 않았지요. 오히려 부자가 됐다면서 좋아했어요.

　잭은 보물을 찾으려고 쫓아오는 거인을 땅에 떨어져 죽게 했어요. 그러니까 거인은 죄없이 잭에게 죽임을 당하고 만 것이지요.

　잭은 다시 어려움이 닥치면 어떻게 할까요? 자기를 도와 줄 낯선 할아버지와 신기한 콩을 또 찾아다니지는 않을까요?

- 추천사 2
- 도움말 4
- 잭은 거인을 왜 없앴을까요 6
- 생각지도 랄랄라 30
- 퀴즈가 으쓱으쓱 32
- 생각이 깡충깡충 34
- 이야기가 술술술·1 36

  이야기가 술술술·1-그림 그리기 38

- 이야기가 술술술·2 40

  이야기가 술술술·2-그림 그리기 42

- 마음이 쑥쑥쑥 44

잭은 거인을 왜 없앴을까요

잭의 집은 몹시 가난했어요. 젖소 한 마리가 재산 전부였어요.
어느 날이었어요.
어머니가 큰소리로 잭을 불렀어요.
"야단났구나. 우유가 한 방울도 나오질 않아. 어쩌면 좋으냐?"
젖소가 너무 늙어서 젖이 나오지 않는 것이었어요.
"걱정 마세요. 제가 다른 집에 가서 일을 해 주고 돈을 많이 벌어 올게요."

　잭은 어머니 앞에서 큰소리를 쳤어요. 그렇지만 잭이 일할 곳은 어디에도 없었어요. 너무 어렸기 때문이지요.
　"할 수 없구나. 이 소를 팔아서 작은 가게라도 내자."
　마침내 어머니는 젖소를 팔기로 결정했어요.
　"그게 좋겠어요. 제가 읍내 시장에 가서 소를 팔아 오겠어요."
　잭은 젖소를 몰고 집을 나섰어요.
　"잭, 젖소를 한 푼이라도 더 받아야 가게를 내는 데 도움이 된다."

어머니는 집을 나서는 잭에게 거듭거듭 당부했어요.
"걱정하지 마세요, 어머니. 반드시 많은 돈을 받고 팔게요."
잭은 소를 몰고 시장을 향해 부지런히 걸었어요.
한참 가고 있는데 낯선 할아버지가 어디를 가느냐고 물었어요.
"이 소를 팔아서 가게라도 내야 어머니와 제가 굶어 죽지 않고 살 수 있어요."
"우유도 안 나오는 소를 누가 비싸게 살지 모르겠구나."
할아버지는 주머니 속에서 콩 한 알을 꺼냈어요.
"이 콩하고 그 젖소를 바꾸자."
할아버지 말에 잭은 어이가 없어서 고개를 흔들었어요.
"제가 이 콩하고 소를 바꿨다고 하면 우리 어머니는 저를 내쫓을 거예요."

잭은 가던 길을 계속 가려고 했어요.

"이 콩은 하룻밤 사이에 하늘에 닿을 만큼 자라는 아주 신기한 콩이란다."

잠깐만요!

낯선 할아버지는 잭에게 젖소와 콩을 바꾸자고 했어요. 뭐라고 하면서 바꾸자고 했나요?

할아버지는 잭을 가로막으며 말했어요.
"하늘까지 자라는 콩이라고요?"
잭은 눈빛을 빛내며 콩을 자세히 보았어요.
"이 콩이 너희 집에 큰 행운을 가져다 줄 것이다."
할아버지는 잭의 표정을 살피며 힘주어 말했어요.
"행운은 좋은 것이죠. 일을 해서 돈을 벌기란 너무 힘드니까요."

잭은 약간 망설이다가 젖소 고삐를 할아버지 손에 넘겨주었어요.

"이 콩이 정말 행운을 가져다줬으면 좋겠어요."

잭은 할아버지 손에 있는 콩을 얼른 챙겼어요.

잭은 신이 나서 한걸음에 집까지 뛰어갔어요.

"아니 벌써 젖소를 팔고 돌아오는 것이냐? 설마 일이 잘못된 것은 아니겠지?"

어머니는 빨리 돌아온 잭을 염려하며 물었어요.

"실은 젖소를 이 콩하고 바꾸었어요."

잭은 어머니 앞에 콩 한 알을 불쑥 내밀었어요.

"뭐라고? 이 콩 한 알 하고 젖소를 바꾸었다고?"

어머니는 그 자리에 털썩 주저앉으며 소리쳤어요.

"이 콩은 하룻밤 사이에 하늘까지 자라는 신기한 콩이라고요. 우리 집에 행운을 가져다줄 거라고 했어요."

"마지막 재산이었던 소까지 남에게 빼앗겼으니 이 일을 어쩌면 좋단 말이냐?"

어머니는 울면서 콩을 창 밖으로 던져 버렸어요.

"죄송해요, 어머니……."

잭은 할 말을 잃고 말았어요.

다음 날 잠에서 깨어난 잭은 깜짝 놀랐어요.

글쎄, 창 밖으로 아주 튼튼한 나무 한 그루가 우뚝 서 있지 뭐예요.

잭은 후닥닥 밖으로 뛰어나갔어요. 그리고 눈을 휘둥그레 떴어요.

"정말 콩이 자라서 하늘까지 닿았네!"

마당에 뿌리를 내린 콩은 끝도 없이 위로 솟구쳐 있었어요. 정말 끝이 안 보였지요.

"그 할아버지 말이 맞았어. 이 콩나무를 타고 올라가면 하늘나라로 갈 수 있겠어!"

잭은 빠르게 나무를 타기 시작했어요. 나무 타는 것은 정말 자신있었거든요.

"정말 하늘까지 닿아 있는 것이 분명해."

잭은 위로 오르고 또 올랐어요.

구름 위로 올라와서도 한참을 오르다 보니 길이 보였어요. 아주 넓고 긴 길이었어요.

잠깐만요!

할아버지가 준 콩은 정말 신기한 콩이었어요. 마당에 뿌리를 내린 콩은 끝이 안 보일 정도로 하늘까지 자라 있었으니까요. 잭은 콩나무를 보고 뭐라고 했나요?

"저 길을 따라가면 행운을 만날지도 몰라."

잭은 길을 따라서 쭉 걸어가 보았어요.

한참 걷다 보니 커다란 집이 한 채 나타났어요. 대문도 몹시 크고 지붕 끝이 안 보일 정도로 어마어마했어요.

"우와, 정말 큰 집이다!"

잭은 용기를 내어 대문을 두드렸어요.

"안에 누구 안 계세요? 안 계세요?"

문이 열리고 한 아주머니가 얼굴을 내보였어요.

잭은 조금 겁이 났지만 용기를 내어 말했어요.

"배가 고파서 그래요. 죄송하지만 먹을 것을 조금만 주실 수 없겠습니까?"

그러자 아주머니는 불안해하며 고개를 저었어요.

"이 집은 거인이 사는 집이란다. 지금은 집에 없지만 곧 돌아올 거다. 거인이 너를 보면 당장 잡아먹고 말 거야."

"그래도 배가 너무 고파요. 먹을 것을 조금만 주세요."

잭은 불쌍한 표정을 지으며 매달렸어요.

"그럼 거인이 돌아오기 전에 얼른 먹고 돌아가거라."

아주머니는 잭을 안으로 들어오게 했어요.

그런데 잭이 식탁 앞에 앉기도 전에 쿵쿵쿵, 요란한 발 소리가 들려왔어요.

"어쩌면 좋으냐. 어서 숨어야 되겠다. 거인이 돌아왔다."

아주머니는 쩔쩔매며 잭을 아궁이 속에 숨겼어요.

"쿵쿵, 사람 냄새가 나네."

집 안으로 들어선 거인은 코를 쿵쿵거리며 사방을 두리번거렸어요. 거인 모습을 훔쳐 본 잭은 부들부들 떨었어요. 정말 무섭게 생긴 거인이었거든요. 몸집도 어마어마하게 컸어요.

"사람 냄새라니요? 이 집에 사람은 저밖에 없어요."

아주머니는 시치미를 뚝 떼고 대답했어요.

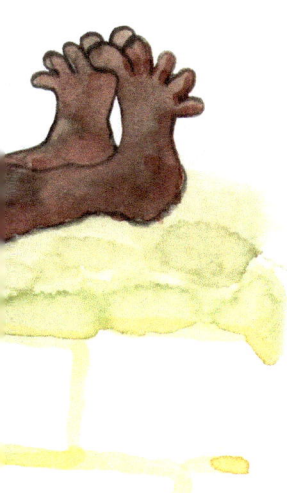

"그래? 배가 많이 고파서 그런가?"

거인은 식탁에 푸짐하게 차려진 음식을 모조리 먹었어요.

음식을 다 먹은 거인은 커다란 자루를 열었어요. 그 안에는 금화가 가득 들어 있었지요.

"자, 얼마나 되나 세어 볼까?"

거인은 자루 속의 금화를 탁자 위에 쏟아 놓고 하나 둘, 세기 시작했지요. 그러다 크게 하품을 하며 탁자 위에 푹 엎어졌어요.

"너무 많이 먹었구나. 정말 졸리는걸."

거인은 금방 드르렁드르렁 코를 골며 잠이 들었어요.

거인이 잠이 들자 잭은 재빨리 아궁이 속에서 나왔어요.

"이 금화만 있으면 우리는 부자가 되겠구나."

잭은 금화 자루를 어깨에 들쳐 맸어요. 그리고 콩나무가 있는 곳으로 빠르게 도망치기 시작했지요.

잠깐만요!

잭은 거인이 잠든 틈을 타서 금화 자루를 어깨에 들쳐 매고 도망쳤어요. 뭐라고 하면서 도망쳤나요?

잭이 금화 자루를 짊어지고 나타나자 어머니는 몹시 기뻐했어요.

"정말 행운의 콩나무였구나! 젖소와 콩을 바꾸기를 잘했어."

어머니는 금화를 손에 쥐고 덩실덩실 춤을 추었어요.

다음 날, 잭은 다시 콩나무를 타고 하늘로 올라갔어요. 그리고 몰래 거인의 집 안으로 들어가 아궁이 속에 숨었어요.

"또 낯선 사람 냄새가 나네. 배가 너무 고파서 그럴 거야."

거인은 이번에도 식탁에 차려진 음식을 남김없이 먹어치웠어요. 그런 뒤에 암탉 한 마리를 가져와 등을 쓰다듬기 시작했어요.

"귀여운 암탉아, 황금 알을 낳아다오! 황금 알을 낳아다오!"
그러자 놀라운 일이 벌어졌어요. 암탉이 황금 알을 쑤욱 낳았거든요.
"저 암탉만 있으면 우리 집은 금세 큰 부자가 될 거야."
잭은 암탉도 욕심이 났어요.
잠시 후에 거인은 코를 골며 잠이 들었어요.
잭은 아궁이 속에서 살금살금 기어 나와 암탉을 움켜쥐었어요.
그리고 재빨리 콩나무를 타고 집으로 도망쳐 왔지요.

잠깐만요!

잭의 어머니는 잭이 금화 자루를 매고 나타나자 덩실덩실 춤을 추며 좋아했어요. 뭐라고 하면서 좋아했나요?

어머니는 황금 알을 낳는 암탉을 안고 나타난 잭을 와락 껴안았어요.
"어서 황금 알을 낳게 해 보자. 우리는 정말 부자가 되겠구나."
"알았어요, 어머니."
잭은 거인처럼 암탉 등을 쓰다듬으며 조용히 속삭였어요.
"귀여운 암탉아, 황금 알을 낳아다오! 황금 알을 낳아다오!"
그러자 암탉은 황금 알 한 개를 쑤욱 낳았어요.

이제 잭과 어머니는 잘 살 수 있게 되었어요. 황금 알을 낳는 암탉도 있고, 금화도 아주 많으니까요.

그래도 잭은 또 한 번 거인의 집에 가 보고 싶었어요.

"분명히 다른 보물이 또 있을 거야."

잭은 다시 콩나무를 타고 하늘로 올라갔어요.

거인 집으로 몰래 들어간 잭은 커다란 항아리 속에 숨었어요.

얼마 후, 밖에 나갔던 거인이 돌아왔어요.

잠깐만요!

다시 하늘나라로 올라간 잭은 황금 알을 낳는 암탉을 훔쳐 왔어요. 이번에도 어머니는 몹시 좋아했지요. 이제 잭과 어머니는 어떻게 살게 되었나요?

"쿵쿵, 또 사람 냄새가 난단 말이야. 이번에는 꼭 찾아야 돼. 틀림없이 내 금화와 암탉을 훔쳐 간 놈일 거야!"

거인은 집 안을 샅샅이 뒤졌어요. 그러자 아주머니가 말했어요.

"틀림없이 아궁이 속에 숨어 있을 거예요."

아주머니는 금화 자루와 암탉을 잭이 훔쳐 갔다는 것을 알고 있었거든요.

"잡히기만 하면 그냥 안 둘 테다."

거인은 아궁이 속을 샅샅이 뒤졌어요. 그렇지만 아궁이 속은 텅 비어 있었어요.

잭을 찾다가 지친 거인은 털썩 주저앉아서 황금 하프를 퉁겼어요.
"울려라, 하프야!"
그러자 하프에서 아름다운 음악이 흘러나왔어요. 정말 아름다운 소리였지요.
"하프 소리만 들으면 마음이 편안해."
거인은 다시 잠이 들었어요.
"바로 지금이다!"

항아리에서 기어 나온 잭은 황금 하프를 안았어요.

그런데 그 때였어요.

"주인님! 주인님! 빨리 일어나세요. 큰일났어요!"

황금 하프가 느닷없이 고함을 질렀어요.

"요 꼬마 녀석, 꼼짝 마라!"

잠에서 깨어난 거인은 잭을 발견하고는 무섭게 달려들었어요.

잭은 황금 하프를 끌어안고 콩나무가 있는 곳으로 정신 없이 뛰었어요.

하프가 너무 무거웠기 때문에 쉽게 달릴 수는 없었지만 있는 힘껏 도망쳤어요.

"네 놈이 내 금화 자루와 암탉을 훔쳐 갔지? 이번에는 황금 하프까지 훔쳐 가려고 하다니. 절대 용서하지 않겠다!"

거인은 잭을 따라 콩나무를 타고 내려오며 소리쳤어요.

잭은 거인의 손을 아슬아슬하게 피했어요.

잠깐만요!

다시 하늘로 올라간 잭은 거인이 아끼는 황금 하프를 훔쳤어요. 도망치는 잭을 쫓아오면서 거인이 뭐라고 했나요?

"어머니! 어서 도끼 좀 갖다 주세요!"
잭은 아래를 향해 소리쳤어요.
잭의 목소리를 들은 어머니는 부리나케 도끼를 갖고 나왔어요.

잭은 땅에 닿자마자 콩나무의 밑둥을 찍기 시작했어요.
"쿵쿵쿵!"
밑둥이 잘린 콩나무가 요란한 소리를 내며 쓰러졌어요.

"으악!"
콩나무를 타고 내려오던 거인의 비명 소리가 땅을 울렸어요.
"쿵!"
요란한 소리와 함께 거인의 몸이 떨어진 자리로 큰 구덩이가 파였어요. 거인은 빠져나올 수 없을 정도로 깊숙이 처박히고 말았지요.

"야호, 신난다! 거인을 아주 없애 버렸다!"
잭은 어머니를 껴안고 깡충깡충 뛰었어요.
"이제 아무 걱정 없이 잘 살게 되었구나!"
어머니도 좋아서 덩실덩실 춤을 추었고요.

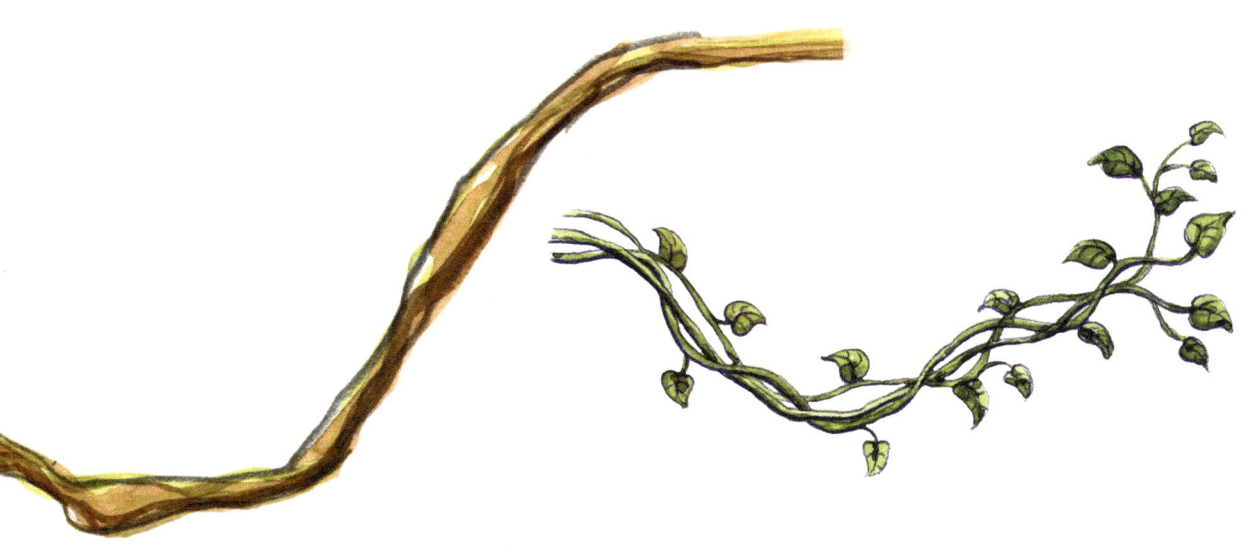

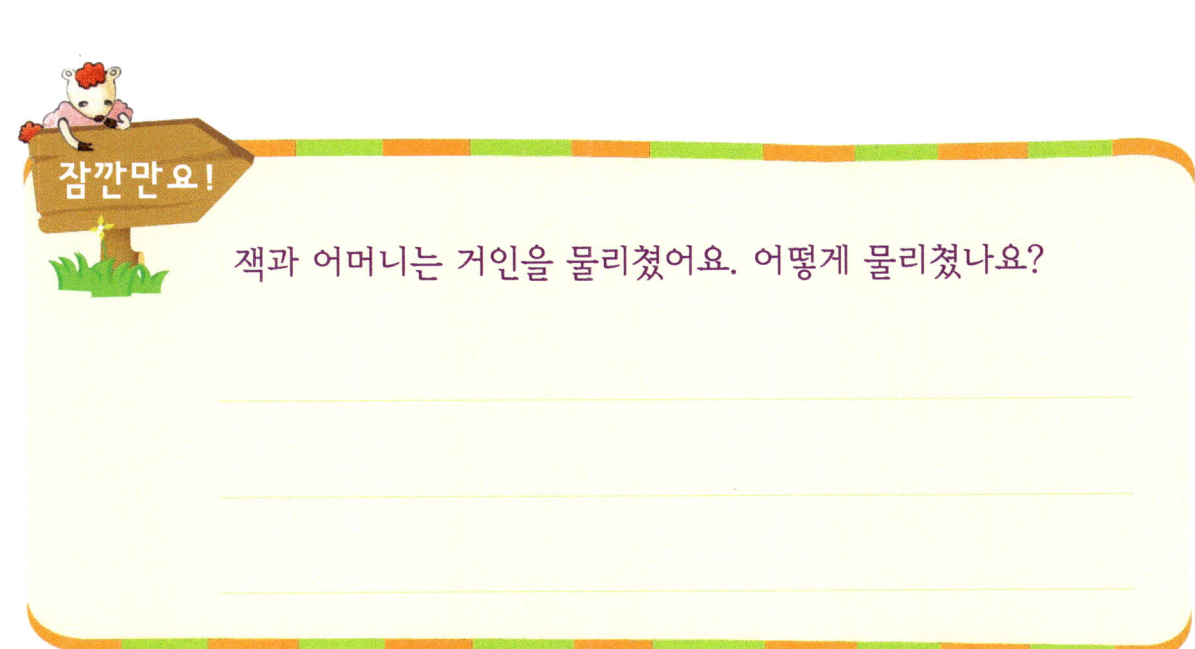

잠깐만요!

잭과 어머니는 거인을 물리쳤어요. 어떻게 물리쳤나요?

'잭과 콩나무'를 읽고 떠오르는 생각을
재미있게 생각지도로 그려 보도록 해요.

퀴즈가 으쓱으쓱

- 잭과 어머니는 왜 젖소를 팔기로 했나요?

- 잭이 젖소를 팔러 장에 가는데 낯선 할아버지가 젖소와 콩을 바꾸자고 했어요. 뭐라고 하면서 바꾸자고 했지요?

- 잭은 하늘나라로 올라가 거인의 많은 보물을 훔쳐 왔어요. 무엇무엇을 훔쳐 왔나요?

얼마나 책을 꼼꼼하게 읽었을까요? 이야기해 볼까요?

- 잭의 어머니는 잭이 거인의 보물을 훔쳐 왔는데도 몹시 좋아했어요. 뭐라고 하면서 좋아했지요?

- 잭은 황금 하프를 훔친 뒤에 뒤따라오던 거인을 땅에 떨어져 죽게 했어요. 그 뒤로 잭과 어머니는 어떻게 살았지요?

생각이 깡충깡충

재미있게 생각을 바꿔 보아요. 바꾼 생각을 이야기해 보세요.

콩나무는 어려움에 빠져 있는 이웃집으로 뻗어 있고는 했어요. 잭은 콩나무를 따라 그 집을 찾아가 열심히 도와 주었어요. 그 뒤로 잭과 어머니는 어떻게 되었을까요?

잭이 콩과 젖소를 바꿔 온 뒤 집안은 더 가난에 빠졌어요. 어머니는 이웃집을 찾아가서 부탁해 보기로 했지요. 어떤 부탁을 할까요?

어머니는 잭이 거인의 집에 몰래 들어가 보물을 모두 훔쳐 왔다는 것을 알고 몹시 화를 냈어요. 잭이 뭐라고 했을까요?

다른 거인들이 잭을 가만두지 않기로 했어요.
"그 거인은 아무 잘못도 없이 잭한테 목숨을 잃었어."
거인들은 잭을 없애려고 땅으로 내려왔어요. 어떤 일이 일어날까요?

할아버지는 원래 하늘나라에 살고 있었어요. 그런데 거인에게 당해서 집도 빼앗기고 하늘에서 도망쳐 왔지요. 그래서 잭을 앞세워서 거인을 없애려고 한 것이죠. 잭이 그 사실을 알았다면 어떻게 할까요?

이야기가 술술술 ①

새롭게 꾸며진 이야기입니다. 소리내어 읽어 볼까요?
그리고 끝 내용에 맞추어 다음 이야기를 상상해 보고
친구들에게 들려주세요.

거인이 살고 있던 하늘나라의 집은 원래 할아버지 집이었어요. 그런데 어느 날, 거인이 나타나 할아버지 가족에게 소리쳤어요.
"당장 이 집을 비워 주지 않으면 모두 잡아먹겠다!"
"어서 도망치자!"
할아버지와 가족들은 거인을 피해 허겁지겁 도망쳤어요. 그렇지만 아들과 딸이 거인한테 잡아먹히고 말았어요.
"거인을 꼭 없애고야 말겠다!"
할아버지는 어떻게 하면 거인을 없앨 수 있을까 방법을 찾앉아요. 그러다 젖소를 끌고 장에 가는 잭을 만났던 것이지요.
"얘야, 이 콩하고 젖소를 바꾸면 너한테 아주 큰 행운이 올 것이다."
할아버지는 잭에게 그렇게 말했어요.
"할아버지, 그 콩하고 젖소를 바꿀 바보는 한 명도 없어요."
"이 콩을 심어 놓고 하룻밤만 자고 나면 콩나무가 하늘까지 자라 있을 거란다."
"에이, 세상에 그런 콩이 어디 있어요?"
잭은 젖소를 끌고 그냥 가 버렸어요.

이야기가 술술술 ① - 그림 그리기

잭이 콩나무를 타고 하늘나라로 올라가고 있어요.
예쁘게 색칠해 볼까요?

여러분도 콩나무를 타고 하늘로 올라
간다면 무엇을 제일 먼저 보고 싶은가요?

이야기가 술술술 ②

새롭게 꾸며진 이야기입니다. 소리내어 읽어 볼까요?
그리고 끝 내용에 맞추어 다음 이야기를 상상해 보고
친구들에게 들려주세요.

거인의 보물을 가져와서 오랫동안 잘 살았던 잭과 어머니는 다시 가난해지고 말았어요. 젖소 한 마리가 남은 재산 전부였어요.
"어머니, 저 젖소를 끌고 나가서 그 할아버지를 찾아봐야겠어요. 또 신기한 콩하고 젖소를 바꾸자고 할지 모르거든요."
"그래, 그게 좋겠다. 다시 큰 집에서 하인도 부리고 잘 살려면 저번처럼 큰 행운을 만나지 않으면 안 돼."
어머니도 잭과 함께 할아버지를 찾아 나섰어요.
"왜 일을 안 해요? 일을 해야 식량을 구할 수 있는데."

동네 사람들이 젖소를 끌고 돌아다니는 잭과 어머니를 보고 말했어요.

"신기한 콩을 갖고 있는 할아버지를 만나면 우리는 다시 부자가 될 수 있어요."

"할아버지를 못 만나더라도 우리를 다시 부자로 만들어 줄 행운은 어딘가에 있을 거예요."

잭과 어머니는 합창하듯이 말했어요.

"제발 정신 차려요! 행운을 바라지 말고 열심히 일을 하는 것이 옳아요!"

동네 사람들이 소리쳤어요.

이야기가 술술술 ❷ - 그림 그리기

열심히 일하는 잭의 모습이에요. 예쁘게 색칠해 볼까요?

여러분은 잭에게 무슨 말을 해 주고 싶나요?

마음이 쑥쑥쑥

동화 속에 나오는 주인공들을 칭찬해 볼까요?
칭찬을 들으면 모두들 좋아할 거예요.
그리고 타일러 주기도 해 보세요. 아마 더 잘하려고 노력할 거예요.

잭에게 어떤 칭찬을 들려주면 좋아할까요?
잭아! 너는 정말 착해.
왜냐하면 _____
_____

잭을 어떤 말로 타일러 줄까요?
잭아! 너는 이런 점만 고치면 정말 좋을 거야.
왜냐면 _____
_____

잭의 어머니에게 어떤 칭찬을 들려주면 좋아할까요?

어머니! 어머니는 정말 대단하세요.

왜냐하면 _____

_____

잭의 어머니를 어떤 말로 타일러 줄까요?

어머니! 어머니는 이런 점을 실수했어요.

뭐냐면 _____

_____

할아버지에게 어떤 칭찬을 들려주면 좋아할까요?

할아버지! 할아버지는 정말 대단해요.

왜냐하면 _____

_____

할아버지를 어떤 말로 타일러 줄까요?

할아버지! 할아버지는 이런 점을 실수했어요.

뭐냐면 _____

_____

〈권장도서〉

■ 읽기와 쓰기부터
어휘력 · 문해력 · 문장력까지 공부의 기초체력을 키워줍니다.

▶ 어린이 문장강화 (검색하십시오)

① 일기 잘쓰는 법
② 생활문 잘쓰는 법
③ 논설문 잘쓰는 법
④ 설명문 잘쓰는 법
⑤ 독서감상문 잘쓰는 법
⑥ 관찰기록문 잘쓰는 법
⑦ 웅변연설문 잘쓰는 법
⑧ 기행문 잘쓰는 법
⑨ 편지글 잘쓰는 법
⑩ 동시 잘쓰는 법
⑪ 희곡 잘쓰는 법
⑫ 동화 잘쓰는 법
⑬ 원고지 사용법

※ 사가독서(賜暇讀書)란 세종대왕 때 집현전 젊은 학자들에게
휴가를 주어 독서에 전념하게 하는 제도입니다.

▶어떻게 가르칠까요?

「잭과 콩나무」 읽고 토론·논술 따라잡기

잭은 거인을 왜 없앴을까요

9 페이지

낯선 할아버지는 잭에게 젖소와 콩을 바꾸자고 했어요. 뭐라고 하면서 바꾸자고 했나요?

🍅 **선생님 코너**

답 이 콩은 하룻밤 사이에 하늘에 닿을 만큼 자라는 신기한 콩이라면서 이 콩이 잭의 집에 행운을 가져다줄 거라고 했어요.

답 그런데 잭은 너무 가난하게 살았기 때문에 행운을 가져다주는 신기한 콩이라는 말에 귀가 솔깃해질 수밖에 없었겠지요?

설명 잭이 젖소와 콩을 바꾼 것은 젖소를 팔아도 희망이 별로 없다는 것을 알기 때문이고, 누구나 힘이 들면 행운이 찾아왔으면 좋겠다는 희망을 품게 마련이라는 것을 일깨워 줍니다.

질문 나는 어떤 행운을 받았으면 좋겠는지를 발표하게 합니다.

13 페이지

할아버지가 준 콩은 정말 신기한 콩이었어요. 마당에 뿌리를 내린 콩은 끝이 안 보일 정도로 하늘까지 자라 있었으니까요. 잭은 콩나무를 보고 뭐라고 했나요?

🍅 **선생님 코너**

답 "이 콩나무를 타고 올라가면 하늘나라로 갈 수 있겠어!"

답 잭은 어머니와 가난하게 살다가 젖소까지 없어졌어요. 잭은 아무 희망도 없으니까 하늘나라에 가서라도 희망을 찾아보려는 것이겠지요?

설명 아무리 힘들어도 희망을 버리지 않고 견디면 언젠가는 희망이 찾아온다는 것을 일깨워 줍니다.

질문 우리 집 마당에 콩나무가 하늘 높이 자라 있다면 나는 그 콩나무를 타고 어디를 가고 싶은가를 발표하게 합니다.

17 페이지
잭은 거인이 잠든 틈을 타서 금화 자루를 어깨에 들쳐 매고 도망쳤어요. 뭐라고 하면서 도망쳤나요?

🍅 **선생님 코너**

- **답** "이 금화만 있으면 우리는 부자가 되겠구나."
- **답** 그런데 잭은 왜 거인의 금화를 훔쳤을까요? 젖소 대신 얻은 콩나무를 타고 하늘나라로 왔으니까 거인의 금화를 가져도 된다고 생각했을까요?
- **설명** 잭이 젖소 가격만큼의 돈이 있어야 된다고 생각했다면 다른 방법으로 그 돈을 마련해야 된다는 것과 거인의 돈을 가져갈 아무런 이유가 없다는 것을 일깨워 줍니다.

질문 내가 아끼는 물건을 누가 몰래 가져가면 어떻게 할 것 같은지 발표하게 합니다.

19 페이지
잭의 어머니는 잭이 금화 자루를 매고 나타나자 덩실덩실 춤을 추며 좋아했어요. 뭐라고 하면서 좋아했나요?

🍅 **선생님 코너**

- **답** "정말 행운의 콩나무였구나. 젖소와 콩을 잘 바꿨다."고 했어요.
- **답** 그런데 잭이 거인의 금화를 훔쳐 왔는데 어머니는 왜 야단을 안 치고 좋아했을까요? 다른 사람의 금화를 훔쳐 왔어도 좋아했을까요?
- **설명** 잭은 분명히 거인의 물건을 훔쳤으니까 어머니는 잭을 칭찬할 것이 아니라 야단을 쳐야 된다는 것을 일깨워 줍니다.

질문 만약에 어머니가 거인의 보물을 가지면 안 되겠다고 생각한다면 그 보물을 어떻게 할까를 발표하게 합니다.

21 페이지

다시 하늘나라로 올라간 잭은 황금 알을 낳는 암탉을 훔쳐 왔어요. 이번에도 어머니는 몹시 좋아했어요. 이제 잭과 어머니는 어떻게 살게 되었나요?

선생님 코너

답 아주 잘 살 수 있게 되었어요. 황금 알을 낳는 암탉도 있고, 금화도 아주 많으니까요.

답 그런데 앞으로 잭은 살기 힘들 때마다 얼마든지 행운이 일어날 거라고 믿으면서 노력도 하지 않고 쉽게 살려고 하면 어떻게 하지요?

설명 쉽게 얻어지는 것은 쉽게 사라지고, 무슨 일이든 노력하고 애써서 얻었을 때 소중하게 여겨진다는 것을 일깨워 줍니다.

질문 앞으로 잭은 가난해지거나 힘이 들면 어떻게 할 것 같은가를 발표하게 합니다.

25 페이지

다시 하늘로 올라간 잭은 거인이 아끼는 황금 하프를 훔쳤어요. 도망치는 잭을 쫓아오면서 거인이 뭐라고 했나요?

선생님 코너

답 "네 놈이 내 금화 자루와 암탉을 훔쳐 갔지? 이번에는 황금 하프까지 훔쳐 가려고 하다니! 절대 용서하지 않겠다."

답 거인은 정말 억울하고 분했을 거예요. 아무런 상관도 없는 잭이 하늘나라까지 와서 평화롭게 살고 있던 거인을 계속 괴롭혔으니까요.

설명 거인은 무서운 괴물이지만 잭에게 직접 피해를 끼치지 않았기 때문에 잭이 거인의 보물을 함부로 훔치면 안 된다는 것을 일깨워 줍니다.

질문 만약 거인의 보물이 훔친 물건인데 진짜 주인이 나타나서 잭에게 보물을 돌려 달라고 하면 어떻게 해야 될까를 발표하게 합니다.

29 페이지
잭과 어머니는 거인을 물리쳤어요. 어떻게 물리쳤나요?

🍅 선생님 코너

답 콩나무를 타고 잭을 뒤따라오던 거인은 땅에 떨어지면서 빠져나올 수 없을 정도로 깊숙이 처박히고 말았어요.

답 그런데 낯선 할아버지는 거인과 무슨 관계였을까요?

설명 누구나 허황된 꿈을 이루려고 하면 남에게 피해를 줄 수도 있다는 것을 일깨워 줍니다.

질문 내가 다른 친구에게 무슨 일로 피해를 입혔고, 어떻게 됐는가를 발표하게 합니다.

메모

 **30 페이지**
생각지도 랄랄라

'잭과 콩나무'를 읽고 떠오르는 생각을 재미있게 생각지도로 그려 보도록 해요.

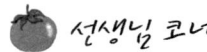 **선생님 코너**

내용을 떠오르는 대로 그림으로 그려 보도록 합니다. 떠올린 내용을 자유스럽게 그림으로 그리다 보면 전체적인 내용이 한 번 더 머릿속에 새겨질 것입니다.

 **32 페이지**
퀴즈가 으쓱으쓱

얼마나 책을 꼼꼼하게 읽었을까요? 이야기해 볼까요?

1) 잭과 어머니는 왜 젖소를 팔기로 했나요?

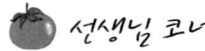 **선생님 코너**

답 젖소가 너무 늙어서 우유가 나오지 않았어요. 젖소를 팔아서 그 돈으로 가게를 내려고 했지요.
설명 전 재산인 젖소한테서 우유가 나오지 않자 잭과 어머니는 더 가난에 시달리며 살 수밖에 없게 되었고, 젖소가 집안의 희망이었기 때문에 젖소를 끌고 나간 것은 희망을 찾아 나선 것이라고 일깨워 줍니다.

질문 우리 집의 가장 큰 희망은 무엇인가를 발표하게 합니다.

2) 잭이 젖소를 팔러 장에 가는데 낯선 할아버지가 젖소와 콩을 바꾸자고 했어요. 뭐라고 하면서 바꾸자고 했지요?

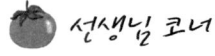 **선생님 코너**

답 신기한 콩이라면서 행운을 바란다면 젖소와 바꾸자고 했어요.
설명 할아버지는 원래 거인과 사이가 나빴는데 자기 힘으로 해결할 수 없을 것 같으니까 잭이 콩

나무를 타고 하늘로 올라가 거인을 물리쳐 주기를 바랐을지 모른다고 설명해 줍니다.

질문 할아버지는 왜 잭 앞에 나타났을까를 상상하여 발표하게 합니다.

3) 잭은 하늘나라로 올라가 거인의 많은 보물을 훔쳐 왔어요. 무엇무엇을 훔쳐 왔나요?

🍅 **선생님 코너**

답 금화 자루, 황금 알을 낳는 암탉, 황금 하프를 훔쳐 왔어요.

설명 거인이 하늘나라에 살기 때문에 잭이 보물을 훔쳐도 된다는 생각은 잘못되었다는 것을 일깨워 줍니다.

질문 거인이 하늘나라에 살지 않고 잭의 이웃에 살고 있었다면 잭이 한 행동이 옳았을까를 발표하게 합니다.

4) 잭의 어머니는 잭이 거인의 보물을 훔쳐 왔는데도 몹시 좋아했어요. 뭐라고 하면서 좋아했지요?

🍅 **선생님 코너**

답 이제는 가난하게 살지 않아도 되겠다면서 덩실덩실 춤을 추었어요.

설명 어머니들은 자식들에게 절대 남의 물건에 손대면 안 된다고 가르치는데 잭의 어머니는 잭이 거인의 보물을 훔쳐 왔는데도 좋아서 춤을 춘 것은 잘못되었다고 일깨워 줍니다.

질문 만약 잭이 이웃 사람의 물건을 훔쳐 왔다면 어머니가 뭐라고 했을까를 발표하게 합니다.

5) 잭은 황금 하프를 훔친 뒤에 뒤따라오던 거인을 땅에 떨어져 죽게 했어요. 그 뒤로 잭과 어머니는 어떻게 살았지요?

🍅 **선생님 코너**

답 황금 알을 낳는 암탉도 있고 금화도 많이 있었기 때문에 잘 살았어요.

설명 앞으로 잭은 힘든 일이나 어려운 일을 만나면 스스로 노력해서 해결하려는 것보다 행운을 만나 쉽게 해결되기를 바랄 것이라고 일깨워 줍니다.

질문 잭이 행운을 바라지 않고 열심히 노력해서 살게 하려면 어떻게 하면 될까를 발표하게 합니다.

 34 페이지

생각이 깡충깡충

재미있게 생각을 바꿔 보아요. 바꾼 생각을 이야기해 보세요.

1) 콩나무는 어려움에 빠져 있는 이웃집으로 뻗어 있고는 했어요. 잭은 콩나무를 따라 그 집을 찾아가 열심히 도와 주었어요. 그 뒤로 잭과 어머니는 어떻게 되었을까요?

   🍅 선생님 코너
   - 답 동네 사람들이 몹시 고마워하며 잭과 어머니에게 우유가 많이 나오는 젖소 한 마리를 선물로 주었어요.
   - 답 큰 부자는 잭에게 계속 동네 일을 도와 달라고 하면서 농사를 지을 수 있게 땅을 주었어요.
   - 답 나라에서 잭이 착한 일을 하고 있다는 것을 알고 큰 상을 주었어요.

2) 잭이 콩과 젖소를 바꿔 온 뒤 집안은 더 가난에 빠졌어요. 어머니는 이웃집을 찾아가서 부탁해 보기로 했지요. 어떤 부탁을 할까요?

   🍅 선생님 코너
   - 답 저는 젖소를 키워 봤기 때문에 농장 일을 잘할 수 있답니다. 매일 와서 일을 할 테니까 품삯을 주십시오.
   - 답 작은 가게를 하나 해 보고 싶은데 돈이 없습니다. 열심히 벌어서 갚을 테니 가게를 낼 수 있는 돈을 빌려 주십시오.
   - 답 우리 잭이 젖소하고 콩을 바꿨어요. 우리 젖소를 가져 간 할아버지를 찾을 수 있도록 도와 주십시오.

3) 어머니는 잭이 거인의 집에 몰래 들어가 보물을 모두 훔쳐 왔다는 것을 알고 몹시 화를 냈어요. 잭이 뭐라고 했을까요?

🍅 선생님 코너
- 답 거인은 하늘나라에 살고 있어요. 사람도 잡아먹는 나쁜 괴물이래요. 그러니까 보물도 남에게서 빼앗았을 거예요.
- 답 우리 동네 사람이 갖고 있는 보물이었다면 안 훔쳤어요. 하늘나라에 살고 있는 거인 보물이니까 괜찮아요.
- 답 할아버지가 젖소하고 콩을 바꾸자고 한 것은 하늘나라에 가서 거인의 보물을 가져와도 나쁜 짓이 아니기 때문에 그랬을 거예요.

4) 할아버지는 원래 하늘나라에 살고 있었어요. 그런데 거인에게 당해서 집도 빼앗기고 하늘에서 도망쳐 왔지요. 그래서 잭을 앞세워서 거인을 없애려고 한 것이죠. 잭이 그 사실을 알았다면 어떻게 할까요?

🍅 선생님 코너
- 답 왜 할아버지와 거인의 사이가 나빴는지를 먼저 들어보면 돼요.
- 답 나하고는 상관없는 일이니까 할아버지하고 거인이 만나서 해결하라고 해요.
- 답 정말 거인이 나쁜 괴물이라면 하늘나라로 올라가서 거인을 물리치지요.

5) 다른 거인들이 잭을 가만두지 않기로 했어요. "그 거인은 아무 잘못도 없이 잭한테 목숨을 잃었어." 거인들은 잭을 없애려고 땅으로 내려왔어요. 어떤 일이 일어날까요?

🍅 선생님 코너
- 답 잭은 할아버지와 있었던 일을 이야기하고 가져왔던 보물을 모두 돌려주었어요.
- 답 잭은 군인들을 이끌고 거인들과 싸움을 벌이지요.
- 답 거인들이 쳐들어오자 사람들은 잭 때문이라는 것을 알고 잭과 어머니를 미워하게 돼요.

메모

36 페이지
이야기가 술술술 · 1

새롭게 꾸며진 이야기입니다. 소리내어 읽어 볼까요? 그리고 끝 내용에 맞추어 다음 이야기를 상상해 보고 친구들에게 들려주세요.

거인이 살고 있던 하늘나라의 집은 원래 할아버지 집이었어요. 그런데 어느 날, 거인이 나타나 할아버지 가족에게 소리쳤어요.
"당장 이 집을 비워 주지 않으면 모두 잡아먹겠다!"
"어서 도망치자!"
할아버지와 가족들은 거인을 피해 허겁지겁 도망쳤어요. 그렇지만 아들과 딸이 거인한테 잡아먹히고 말았어요.
"거인을 꼭 없애고야 말겠다!"
할아버지는 어떻게 하면 거인을 없앨 수 있을까 방법을 찾았어요. 그러다 젖소를 끌고 장에 가는 잭을 만났던 것이지요.
"얘야, 이 콩하고 젖소를 바꾸면 너한테 아주 큰 행운이 올 것이다."
할아버지는 잭에게 그렇게 말했어요.
"할아버지, 그 콩하고 젖소를 바꿀 바보는 한 명도 없어요."
"이 콩을 심어 놓고 하룻밤만 자고 나면 콩나무가 하늘까지 자라 있을 거란다."
"에이, 세상에 그런 콩이 어디 있어요?"
잭은 젖소를 끌고 그냥 가 버렸어요.

 선생님 코너

어린이들이 자유롭게 상상하여 이야기를 하게 합니다. 조리 있게 이야기하는 실력을 향상시킬 수 있습니다.

38 · 39 페이지
이야기가 술술술 · 1 - 그림 그리기

■ 잭이 콩나무를 타고 하늘나라로 올라가고 있어요. 예쁘게 색칠해 볼까요?
■ 여러분도 콩나무를 타고 하늘로 올라간다면 무엇을 제일 먼저 보고 싶은가요?

40 페이지

이야기가 술술술 · 2

새롭게 꾸며진 이야기입니다. 소리내어 읽어 볼까요? 그리고 끝 내용에 맞추어 다음 이야기를 상상해 보고 친구들에게 들려주세요.

거인의 보물을 가져와서 오랫동안 잘 살았던 잭과 어머니는 다시 가난해지고 말았어요. 젖소 한 마리가 남은 재산 전부였어요.

"어머니, 저 젖소를 끌고 나가서 그 할아버지를 찾아봐야겠어요. 또 신기한 콩하고 젖소를 바꾸자고 할지 모르거든요."

"그래, 그게 좋겠다. 다시 큰 집에서 하인도 부리고 잘 살려면 저번처럼 큰 행운을 만나지 않으면 안 돼."

어머니도 잭과 함께 할아버지를 찾아 나섰어요.

"왜 일을 안 해요? 일을 해야 식량을 구할 수 있는데."

동네 사람들이 젖소를 끌고 돌아다니는 잭과 어머니를 보고 말했어요.

"신기한 콩을 갖고 있는 할아버지를 만나면 우리는 다시 부자가 될 수 있어요."

"할아버지를 못 만나더라도 우리를 다시 부자로 만들어 줄 행운은 어딘가에 있을 거예요."

잭과 어머니는 합창하듯이 말했어요.

"제발 정신 차려요! 행운을 바라지 말고 열심히 일을 하는 것이 옳아요!"

동네 사람들이 소리쳤어요.

선생님 코너

어린이들이 자유롭게 상상하여 이야기를 하게 합니다. 조리 있게 이야기하는 실력을 향상시킬 수 있습니다.

42 · 43 페이지

이야기가 술술술 · 2 - 그림 그리기

- 열심히 일하는 잭의 모습이에요. 예쁘게 색칠해 볼까요?
- 여러분은 잭에게 무슨 말을 해 주고 싶나요?

11

44 페이지

마음이 쑥쑥쑥

동화 속에 나오는 주인공들을 칭찬해 볼까요? 칭찬을 들으면 모두들 좋아할 거예요.
그리고 타일러 주기도 해 보세요. 아마 더 잘하려고 노력할 거예요.

잭에게 어떤 칭찬을 들려주면 좋아할까요?

잭아! 너는 정말 착해.

왜냐하면 _____

 선생님 코너

- **답** 어리지만 가난한 집안을 위해서 돈을 벌겠다고 했잖아.
- **답** 너는 용기가 좋아. 거인을 조금도 무서워하지 않았잖아.

잭을 어떤 말로 타일러 줄까요?

잭아! 너는 이런 점만 고치면 정말 좋을 거야.

뭐냐면 _____

 선생님 코너

- **답** 왜 할아버지가 신기한 콩하고 젖소를 바꾸자고 했는지 생각해 봤어야 하지 않겠니?
- **답** 거인은 너한테 아무런 잘못도 하지 않았는데 왜 거인 보물을 훔치고 없애버렸니?

잭의 어머니에게 어떤 칭찬을 들려주면 좋아할까요?

어머니! 어머니는 정말 대단하세요.

왜냐하면 _____

 선생님 코너

- **답** 젖소 한 마리를 키우면서 잭을 열심히 키웠어요.
- **답** 잭을 항상 믿어 주는 것 같아요.

12

잭의 어머니를 어떤 말로 타일러 줄까요?

어머니! 어머니는 이런 점을 실수했어요.

뭐냐면 _____

 선생님 코너

- 답 잭한테 젖소를 팔러 장에 다녀오라고 하지 말고 어머니가 직접 갔어야 했어요.
- 답 잭이 거인 보물을 훔쳐 왔을 때 남의 물건을 훔친 잭을 야단쳐야 했어요.

할아버지에게 어떤 칭찬을 들려주면 좋아할까요?

할아버지! 할아버지는 정말 대단해요.

왜냐하면 _____

 선생님 코너

- 답 잭의 집이 몹시 가난하다는 것을 알고 콩을 줘서 도와 줬어요.
- 답 신기한 콩이 할아버지한테 굉장히 귀한 보물이었을 텐데 아까워하지 않고 젖소하고 바꿨어요.

할아버지를 어떤 말로 타일러 줄까요?

할아버지! 할아버지는 이런 점을 실수했어요.

뭐냐면 _____

 선생님 코너

- 답 잭이 앞으로 행운이나 바라고 열심히 살지 않으면 어떻게 하려고 그러셨어요?
- 답 잭에게 열심히 일을 해서 돈을 버는 것이 바르게 사는 길이라고 가르쳐야 하지 않았을까요?

「잭과 콩나무」 읽고 토론·논술 따라잡기
잭은 거인을 왜 없앴을까요

초판 인쇄일 : 2022년 2월 4일
초판 발행일 : 2022년 2월 8일

기획·편집 : 어린이선비교실팀
발행인 : 김종윤
펴낸곳 : 주식회사 자유지성사
등록번호 : 제 2-1173호
등록일자 : 1991년 5월 18일

서울특별시 송파구 위례성대로 8길 58, 202호
전화 : 02) 333- 9535 / 팩스 : 02) 6280- 9535
E-mail : fibook@naver.com
ISBN : 978-89-7997-378-5 (73800)

어린이선비교실은 자유지성사 편집부 이름입니다.
출판사의 허락없이 무단전재나 복제를 할 수 없습니다.
파본은 구입하신 서점에서 교환하여 드립니다.